Jean-Baptiste Say

De l'Angleterre et des Anglais

essai

Le code de la propriété intellectuelle du 1er juillet 1992 interdit en effet expressément la photocopie à usage collectif sans autorisation des ayants droit. Or, cette pratique s'est généralisée dans les établissements d'enseignement supérieur, provoquant une baisse brutale des achats de livres et de revues, au point que la possibilité même pour les auteurs de créer des oeuvres nouvelles et de les faire éditer correctement est aujourd'hui menacée. En application de la loi du 11 mars 1957, il est interdit de reproduire intégralement ou partiellement le présent ouvrage, sur quelque support que ce soir, sans autorisation de l'Editeur ou du Centre Français d'Exploitation du Droit de Copie , 20, rue Grands Augustins, 75006 Paris.

ISBN : 978-1518659126

10 9 8 7 6 5 4 3 2 1

Jean-Baptiste Say

De l'Angleterre et des Anglais

essai

La longue interruption des communications entre la France et l'Angleterre, a rendu bien précieux les momens qui se sont écoulés depuis la paix. On a pu aller chercher de l'autre côté de la Manche, l'explication de plusieurs phénomènes dont on ne connaissait que les résultats, et mesurer le levier qui, plus d'une fois, a soulevé l'Europe.

Ce ne sont point les forces militaires de la nation anglaise, ni même sa marine, qui ont exercé une influence majeure sur le Continent ; je ne dirai pas même que c'est son or ; car, depuis 1797, elle n'a qu'une monnaie de papier qui ne repose sur aucun gage métallique ; et c'est peut-être, de toutes les nations du monde, celle qui, proportion gardée, possède le moins de métaux précieux ; mais c'est par sa richesse et par son crédit qu'elle a pu agir ; et comme ces armes puissantes sont le résultat de toute son économie, c'est son système économique qui est son trait saillant, et qui mérite de fixer notre attention.

Jusqu'en 1814, la France qui avait l'ascendant sur le Continent, et l'Angleterre qui l'avait sur les eaux, n'ont pu sérieusement se prendre corps à corps, et les nombreux combats qu'elles se sont livrés sur l'un et l'autre élément, ne pouvant compromettre leur existence, ni même leur puissance, quelqu'affligeans qu'ils fussent d'ailleurs pour l'humanité, ne pouvaient, quant à leurs résultats, être considérés que comme des escarmouches. Mais leur effet total a été de priver pendant près de vingt-trois ans l'Angleterre de ses communications faciles et régulières avec le Continent, et la France, de presque toutes ses relations maritimes. Les colonies séparées de leurs métropoles, se sont rendues indépendantes, ou sont devenues la proie des Anglais, et tout le commerce d'outre-mer est tombé entre leurs mains. Sauf un petit nombre de navires aventuriers, dont la plupart même n'ont pu leur échapper, ce n'est que par leurs vaisseaux, ou du moins avec leur permission, que les denrées de l'Asie et de l'Amérique ont pu parvenir dans notre quartier du globe, et que les produits du sol et de l'industrie des Européens ont été portés dans les autres parties du monde. Que cette prépondérance ait été avouée ou non, que ce commerce se soit fait par contrebande ou par des licences, sous des pavillons masqués ou à visage découvert, le fait n'en a pas moins existé.

Quelles ont été les conséquences de ce monopole ?

Les profits commerciaux de l'Angleterre se sont accrus à un point surprenant. Plus de vingt mille navires de toutes nations, sont entrés chaque année dans les ports de la Grande-Bretagne. De nouveaux négocians, de nouveaux capitaux, ont voulu prendre part à ces profits. Un plus grand nombre d'agens de toute espèce» ont été employés ; et comme les familles s'augmentent en proportion des moyens qu'on leur offre de gagner, la population des villes maritimes anglaises a éprouvé desaccroissemens remarquables. Londres n'est plus une ville : c'est une province couverte de maisons. Glasgow, qui en 1791, n'avait que 66 mille habitans, en a maintenant 110 mille[1]. Liverpool, qui en 1801, avoit une population de 77 mille ames, en contient 94 mille[2]. Bristol, dans le même espace de temps, est monté de 63 mille, à 76 mille âmes.

L'établissement de bassins et de magasins, francs de droits de douane dans tous ces ports[3], facilitait la distribution en Europe, des marchandises qui y arrivaient de tous les coins du monde ; et les *draw-backs*, ou restitutions de droits, encourageaient l'exportation des produits intérieurs. Mais une autre causé à laquelle on n'avait pas songé, favorisait bien davantage cet immense trafic.

Depuis l'avènement de Napoléon, la prodigieuse activité de ce Prince et ses vastes talens, secondes de la bravoure des Français, menaçaient l'indépendance de l'Europe ; mais l'Europe déjà épuisée par des guerres acharnées et par des tributs que lui avait imposés la République, ne pouvait supporter tous les frais d'une défense si difficile. L'Angleterre par ses subsides, pourvoyait à une partie de ces frais. Des Agens répandus su ries points accessibles du Continent, et dans les armées alliées, en Portugal, en Espagne, en Allemagne, obligés de se procurer, en nature ou en argent, les valeurs que devait fournir l'Angleterre, offraient leurs traites sur Londres, ce qui rendait abondantes sur le Continent, les lettres de change payables en Angleterre, et avait avili son change, au point qu'une livre sterling qui, dans l'origine, valait, en argent de France, a 4 francs, a pu, pendant un temps, s'acheter sur le Continent, pour 16 à 17 francs[4].

Une dépréciation pareille avait lieu relativement aux monnaies de Hambourg, de Vienne et de Lisbonne.

Qu'en résultait-il ?

Tout spéculateur, de quelque nation qu'il fût, pouvait tirer des marchandises d'Angleterre et se procurer, à un prix avantageux, la monnaie avec laquelle il devait les payer. En effet, s'il achetait, à Birmingham, une marchandise au prix d'une livre sterling, au lieu de payer 24 francs la livre sterling qu'il était, obligé de remettre pour s'acquitter, il ne la payait que 18 francs au plus ; de sorte qu'il pouvait consentir à ne rien gagner, que dis-je ? à perdre sur la marchandise, puisque sur le change seul, il gagnait 26 pour cent, ou un quart de la valeur à remettre. Il ne faut donc pas être surpris de l'activité des ateliers anglais à de certaines époques, et de l'accroissement qu'on a pu remarquer dans les villesmanufacturières, aussi bien que dans les villes commerçantes, quoiqu'à un degré un peu moindre[5].

Telles sont les causes des progrès qu'ont faits le commerce et les manufactures de la Grande-Bretagne, pendant la guerre ; mais c n'est pas tout.

La population des villes s'accroissant avec les profits de l'industrie, la demande de toutes les denrées alimentaires, s'est augmentée aussi. Le blé, dont le prix moyen était, en 1794, de 56 *shillings* le *quarter*[6], était monté en 1813, jusqu'à 136 *shillings*, (plus de cent cinquante francs de notre monnaie).

Ce prix exorbitant, ayant porté très-haut les profits des fermiers, par une conséquence nécessaire, le taux des fermages s'est élevé à chaque renouvellement de bail ; et fermiers et propriétaires ont fait des gains considérables.

Mais tandis que la guerre provoquait ce développement forcé de l'industrie anglaise, les Anglais en profitaient peu. L'impôt et l'emprunt leur en ravissaient tous les fruits. L'impôt pesait à-la-fois sur les productions de toutes les classes et leur enlevait la portion la plus claire de leurs profits ; et l'emprunt absorbait les épargnes de ces gros entrepreneurs, de ces spéculateurs avantageusement posés, qui tiraient le meilleur parti des circonstances.

La facilité que le Gouvernement a eue d'emprunter, c'est-à-dire, de pouvoir dépenser un principal, pourvu qu'il en payât la rente, a favorisé les plus énormes profusions. Les dépenses de la guerre sont plus fortes pour l'Angleterre, que pour toute autre nation. En premier lieu, l'Administration, pour ses approvisionnemens, souffre comme tous les autres consommateurs, de la cherté des marchandises, dont elle est la première cause. Elle paye non-seulement pour ses approvisionnemens, mais pour ceux de ses alliers ; non-seulement le salaire de ses soldats, mais celui de beaucoup d'autres soldats. Ses forces militaires et navales sont éparpillées sur tout le globe.

Un approvisionnement, un magasin en Asie ou en Amérique, coûtent le double de ce qu'ils coûteraient en Europe ; chaque soldat qu'on y envoie, cause une dépense égale à deux soldats, et c'est un grand avantage que les États-Unis conserveront toujours dans leurs démêlés futurs avec la Grande-Bretagne.

Je ne parle pas des abus dans les dépenses qui sont scandaleux : des abus anciens, et qui se sont glissés par degrés, des abus nouveaux introduits de propos délibéré, des abus que relève l'opposition, parce qu'il n'y a que les amis des Ministres qui en profitent ; de ceux qu'elle ne relève pas, parce que la vanité nationale les protège[7] ; mais du tout ensemble, il est résulté que, quoique les impositions aient quadruplé depuis 1793, les dépenses ont chaque année progressivement excédé le montant des rentrées, qu'il a fallu pourvoir à ce déficit progressif par des emprunts devenus plus considérables d'année en année[8], et qui ont finalement porté le principal de la dette à la somme effrayante de 18 milliards 649 millions argent de France[9], dont l'intérêt annuel, joint aux consommations courantes, ont porté en 1813 le total des dépenses publiques faites par les mains du gouvernement central, à la somme incroyable de 112 millions 391 mille livres sterling (plus de 2 milliards 697 millions de notre monnaie)[10].

En voyant pour la dépense *d'une seule année*, qui, selon toute apparence, a été surpassée par la dépense de 1814, cet effrayant résultat, on croit se tromper ; mais il est fondé sur des communications officielles, et certifié par des auteurs attachés à l'établissement public.

Sur cette somme de dépense annuelle, 69 millions sterling environ ont été fournis par les contributions de l'année. Le reste a été procuré par des emprunts et des anticipations. En d'autres termes, environ 1 milliard 700 millions de notre monnaie, ont été levés sur les revenus, ou, si l'on veut, sur les profits annuels de la nation anglaise ; et 1 milliard sur ses capitaux ou ses épargnes[11] ; et cela, indépendamment des contributions qu'elle paie pour les dépenses locales, pour le culte et pour les pauvres qui se montent, comme on sait, à des sommes considérables. Tellement, qu'on ne s'éloignerait peut-être guère de la vérité, en annonçant que le Gouvernement consomme la moitié des revenus qu'enfantent le sol, les capitaux et l'industrie du peuple anglais[12].

En morale comme en physique, les faits naissent les uns des autres. Celui qui est un résultat, devient la cause d'un autre résultat, qui sera une cause à son tour. L'énormité des charges supportées par le peuple anglais, a rendu exorbitamment coûteux tous les produits de son sol et de son industrie. Chacune des consommations des producteurs de toutes les classes, chacun de leurs mouvemens, pour ainsi dire, étant taxés, les résultats de leur industrie sont devenus plus chefs, sans que cette cherté tournât à leur avantage. Dans chaque profession, les gains ne sont pas sensiblement plus forts en vertu du renchérissement de la marchandise produite dans cette profession, parce que ce renchérissement s'en va en frais d'impôts payés par le producteur, et n'ajoute rien à ses profits, et cette cherté générale oblige les producteurs, en leur qualité de consommateurs, à s'imposer de continuelles privations.

Un Anglais qui a un commerce, si le capital qu'il emploie ne lui appartient pas, et s'il est obligé d'en payer l'intérêt, ne peut soutenir sa famille. Une terre, un fonds placé, qui partout ailleurs suffiraient pour procurer de l'aisance sans travail, ne suffisent point en Angleterre pour faire vivre leur possesseur : il faut encore, s'il ne les fait pas valoir lui-même, qu'il exerce un talent, qu'il concourre soit en chef, soit en sous-ordre, à une autre entreprise.

Enfin celui qui n'est pas à portée d'exercer une industrie ou un talent quelconque, celui qui a un revenu modéré, fixe, et qui n'est pas attaché à la glèbe, voyage dans des pays où les objets de consommation sont moins coûteux, et c'est le motif qui a chassé vers la France, la Belgique, la Suisse et l'Italie ces nuées de voyageurs anglais, parmi lesquels il s'en est trouvé aussi quelques-uns que la seule curiosité a mis en mouvement.

C'est aussi la cause de la grande détresse de la classe qui n'est simplement que manouvrière. Un ouvrier, selon la famille qu'il a, et malgré des efforts souvent dignes de la plus haute estime, ne peut gagner en Angleterre que les trois quarts et quelquefois seulement la moitié de sa dépense. La paroisse, c'est-à-dire le produit de la taxe pour les pauvres, est obligée de subvenir au surplus. Un tiers, dit-on, de la population de la Grande-Bretagne est ainsi obligé d'avoir recours à la charité publique. On rencontre très-peu de mendians, parce que les secours sont donnés à domicile et ne suffisant pas pour les faire vivre, il faut encore qu'ils travaillent. Un voyageur anglais, de bonne foi, qui a traversé toute la France en dernier lieu[13], manifeste à chaque pas son étonnement de ce qu'on peut y gagner sa vie par son travail ; et son étonneraient découvre bien ce qui se passe en Angleterre.

On y voit sans doute aussi de ces grands propriétaires, de ces gros capitalistes qui peuvent se croiser les bras et qui n'ont d'autre affaire que leurs plaisirs ; leurs revenus sont si grands qu'ils excèdent tons les besoins et défient toutes les chertés ; mais leur nombre est toujours petit comparé à la totalité d'une nation. La nation anglaise en général, sauf ces favoris de la fortune, est obligée à un travail opiniâtre ; elle ne peut pas se reposer. On ne voit pas en Angleterre d'oisifs de profession ; on y est remarqué dès qu'on a l'air désoccupé, et qu'on regarde autour de soi. Il n'y a point de ces cafés remplis de désœuvrés, du matin au soir, et les promenades y sont désertes tout autre jour que le dimanche ; chacun y court absorbé par ses affaires. Ceux qui mettent le moindre ralentissement dans leurs travaux sont promptement atteints par la ruine ; et l'on m'a assuré à Londres que beaucoup de familles, de celles qui avaient peu d'avances, sont tombées dans les derniers embarras pendant le séjour des souverains allies, parce que ces princes excitaient vivement la curiosité, et que, pour les voir, on sacrifiait quelquefois ses occupations plusieurs jours de suite.

Ceux même qui travaillent avec aisance et qui pourraient se reposer à leur gré, travaillent pour être riches, pour se mettre à l'abri de tous les événemens, et pour marcher de pair dans toutes les profusions. La plus grande honte en France, c'est de manquer de courage : en Angleterre, c'est de manquer de guinées. L'opinion n'est peut-être pas plus raisonnable d'un côté que de l'autre.

Cette position économique exerce un effet déplorable sur les lumières, et fait craindre à l'observateur philosophe que cette patrie de Bacon, de Newton et de Locke, ne fuisse bientôt des pas rétrogrades et rapides vers la barbarie. Il paraît certain qu'on lit beaucoup moins qu'on ne faisait ; on n'en a pas le temps, et les livres sont trop chers. Les riches qui peuvent ne songer qu'à jouir, ont d'autres jouissances que celles de l'esprit, et ces autres jouissances rendent inhabiles à ces dernières. Le peu que les gens du grand monde lisent, en général, n'est jamais ce qu'il y a de meilleur : les lectures vraiment utiles exigent une application qui leur pèse ; et quand, par hasard, ils lisent de bons ouvrages, c'est une semence qui tombe dans un sol épuisé, où les bons fruits ne sauraient prospérer. La classe mitoyenne est la seule qui étudie utilement pour la société, et bientôt elle ne pourra plus étudier en Angleterre[14].

Il y a cependant deux sortes d'imprimés qui se lisent, qui sont de nécessité première : la Bible et les journaux. Il reste à savoir ce qu'on peut y puiser d'instruction.

J'ai dit qu'en payant tout plus cher on n'en gagnait pas davantage ; souvent même le producteur d'une denrée gagne d'autant moins qu'elle devient plus chère. La cherté diminue le nombre des consommateurs, parce qu'elle met les marchandises, à commencer par les moins nécessaires, hors de la portée de certaines fortunes. Ceux qui ne se privent pas tout-à-fait d'une chose, en réduisent tout au moins la consommation ; dès-lors elle est moins demandée qu'elle n'était. La concurrence des consommateurs diminue, quoique la concurrence des producteurs reste la même[15].

C'est ainsi que les producteurs, à mesure qu'ils s'imposent des privations sur les denrées de leur consommation, éprouvent plus vivement le besoin de vendre, même à très-petit bénéfice, les denrées qu'ils produisent. Nulle part les efforts faits pour attirer l'attention des acheteurs, ne sont pousses plus loin qu'en Angleterre. Delà, cette grande recherche des boutiques, ces ornemens bizarres, par lesquels on s'efforce de les faire remarquer ; delà, ces annonces multipliées, ces marchandises offertes au-dessous du cours ; ce ton de charlatanisme qui frappe les étrangers. Les entrepreneurs des premiers spectacles, vantent eux-mêmes, du style le pins pompeux, les applaudissemens que leurs acteurs *ont reçus d'un auditoire ravi*, auditoire qu'ils avaient, jusqu'à un certain point, composé eux-mêmes. Pour avertir le public d'une entreprise nouvelle, d'un simple changement de domicile, une affiche immobile postée au coin d'un mur, ne suffit pas, et l'on promène comme des bannières, au milieu de la foule affairée de Londres, des affiches ambulantes que les piétons peuvent lire sans perdre une minute.

Ce besoin de vendre établit une lutte entre les producteurs. C'est à qui vendra à meilleur marché ou moins chèrement ; mais comme la production est réellement dispendieuse, à cause dès charges dont elle est grevée, le producteur économise sur les qualités[16]. Aussi remarque-t-on en Angleterre, comme partout, que les marchandises sont d'autant moins bonnes qu'elles sont plus chères. Des qualités qui, autrefois, étaient excellentes, sont devenues détestables. La bonneterie des Anglais leurs ouvrages de peau, dont la réputation s'étendait par toute l'Europe, ne valent plus ce qu'ils valaient. Leurs soieries ne sont plus qu'un souffle ; et sous le nom de vins, le peuple qu'on dit le plus riche du monde, est condamné à s'abreuver des plus dangereux poisons[17].

Lorsqu'on voit une nation si active, si noble, si ingénieuse, forcée par un mauvais système économique, à se donner tant de peines, et cependant à éprouver tant de privations, on se demande avec amertume : À quoi sert donc la liberté civile et religieuse, celle de la presse, la sûreté des propriétés et la domination des mers !

Le grand malheur de l'Angleterre, vient d'avoir eu depuis de nombreuses années, des Administrations successives qui, en commettant toutes les fautes possibles, n'ont jamais commis celle de manquer aux engagemens du Gouvernement. Cette régularité passée en principe, jointe à la publicité des comptes et à l'édifice spécieux de la caisse d'amortissement, consolidé par M. Pitt, a élevé le crédit du Gouvernement au point de lui permettre de consommer le principal des revenus à venir du peuple anglais, de faire porter aux générations futures le poids des fautes de la génération présente, et de décupler, de centupler l'importance de ces fautes, par les vastes ressources que ce crédit mettait aux mains des directeurs du cabinet politique.

Qu'on prenne la peine de combiner cet élément avec l'orgueil d'une nation à qui l'on peut faire commettre toutes les sottises imaginables, pourvu qu'on lui parle de sa gloire et de ses droits maritimes[18].

Il y a sans doute, beaucoup de lumières en Angleterre ; mais à quoi servent les lumières, qu'importe qu'on connaisse la véritable nature et la véritable situation des choses, une fois que les passions sont en jeu ? Ne voit-on pas perpétuellement les joueurs risquer leur argent sur des chances que le calcul leur démontre défavorables ? Mais on finit toujours par payer avec usure, toutes les sottises qu'on fait ; et plus on approche du terme où il faut nécessairement compter, et moins on a de latitude pour commettre impunément de nouvelles erreurs. L'économie politique n'est plus une science de spéculation et de luxe, l'habileté est d'obligation ; et l'on peut hardiment, prédire, que tout Gouvernement qui en méconnaîtra ou en méprisera les principes, est destiné à périr par les finances.

Revenons à notre sujet :

La nécessité d'épargner sur tous les frais de production a pourtant produit en Angleterre quelques bons effets à travers beaucoup de mauvais ; elle à, si l'on peut s'exprimer ainsi, perfectionné l'art de produire, et fait découvrir des moyens plus expéditifs, plus simples, et par conséquent plus économiques de parvenir à un but quelconque. Comme les fabrications en grand sont en général les moins coûteuses, on a fait en grand les plus petites choses. J'ai vu à Glascow des laiteries de trois cents vaches où l'on vendait pour deux sous de lait. L'éducation du pauvre, qui fait peut-être la seule sûreté du riche, était entravée par la cherté des livres et des instituteurs, et quelques années plus tard on n'aurait pas été, au sein d'une des nations les plus civilisées de l'Europe, plus en sûreté qu'au milieu des Caffres. Tout-à-coup on s'avise de faire des écoles où un seul instituteur enseigne avec succès et rapidité à lire, écrire et compter, sans livres ni plumes, à cinq cents enfans à-la-fois[19].

Mais c'est principalement l'introduction des machines dans les arts, qui a rendu la production des richesses plus économique. Il n'y a presque plus de grandes fermes en Angleterre où l'on n'emploie, par exemple, la machine à battre le blé, par le moyen de laquelle, dans une grosse exploitation, on fait plus d'ouvrage en un jour qu'en un mois par la méthode ordinaire.

Enfin le travail humain, que la cherté des objets de consommation a rendu si dispendieux, n'est dans aucune circonstance remplacé aussi avantageusement, que par les *machines à vapeur*, improprement appelées par quelques personnes pompes à feu.

Il n'y a pas de travaux qu'on ne soit parvenu à leur faire exécuter. Elles font aller des filatures, des tissages de coton et de laine ; elles brassent de la bière, elles taillent des cristaux. J'en ai vu qui brodaient de la mousseline et qui battaient du beurre. À NewCastle, à Leeds, des machines à vapeurs ambulantes traînent après elles des chariots de houille ; et rien n'est plus surprenant, au premier abord, pour un voyageur, que la rencontre, dans la campagne, de ces longs convois qui s'avancent par eux-mêmes et sans le secours d'aucun être animé.

Partout les machines à vapeurs se sont prodigieusement multipliées. Il n'y en avait que deux ou trois à Londres il y a trente ans ; il y en a des milliers a présent. Elles sont par centaines dans les grandes villes manufacturière ; on en voit même dans les campagnes, et les travaux industriels ne peuvent plus se soutenir avec avantage qu'au moyen de leur puissant concours. Mais il leur faut en abondance de la houille, de ce combustible fossile que la nature semble avoir mis en réserve pour suppléer à l'épuisement des forêts, résultat inévitable de la civilisation. Aussi pourrait-on, à l'aide d'une simple carte minéralogique, tracer une carte industrielle de la Grande-Bretagne. Il y a de l'industrie partout où il y a du charbon de terre.

Mais on a beau abréger les moyens de produire, l'impôt, le terrible impôt, qui agit sur la production annuelle précisément de la même manière que tous les autres frais, semblable au cauchemar des rêves qui gagne du terrain malgré les efforts qu'on fait pour lui échapper, atteint, outrepasse les économies des producteurs industrieux ; et loin que la nation jouisse de son admirable industrie et de l'activité soutenue de ses travailleurs, on lui fait payer cher ce qu'elle produit[20] à bon marché ; et la mettant dans l'impossibilité de vendre à aussi bon compte que d'autres nations moins écrasées par les charges publiques, on lui ôte, dans l'étranger, tout moyen de soutenir la concurrence de l'étranger ; on lui ferme tout débouché extérieur : car si le gouvernement a le pouvoir de faire payer aux Anglais les choses au-delà de ce qu'elles valent, il n'exerce pas, dieu merci, le même pouvoir sur les Français, sur les Allemands, sur les Brésiliens.

Que serait-ce si la longue séparation de la nation anglaise d'avec les terres classiques de l'Europe, avait peu-à-peu altéré son goût dans les arts ? si ses vases, ses meubles, ses flambeaux n'avaient plus de pureté, de légèreté, d'élégance dans les formes ? s'ils étaient retombés dans ce goût gothique et contourné, dans ces ornemens lourds et compliques qui ne représentent rien ? si les dessins des étoffes, si le choix des couleurs étaient en arrière des progrès de l'Europe, et si l'Angleterre ne pouvait se remettre au courant sans une longue et active communication avec le continent ?

Faut-il s'étonner du peu de succès qu'ont obtenu les marchandises anglaises dans les grands marchés de l'Europe, et peut-on leur en présager davantage à l'avenir, si leur système économique ne change pas ?

Cette position critique que j'ai essayé de peindre et dont j'ai tâché de découvrir les causes, anime des débats qui n'ont pas lieu seulement dans les deux chambres, mais parmi toute la nation, et donne beaucoup d'importance aux attaques d'une opposition beaucoup moins redoutable par le nombre de ses partisans que par le poids de ses raisons, et par les grands noms, les grandes fortunes, les grands talens qui figurent au milieu d'elle.

La question des blés et celle du papier-monnaie, sont l'occasion des principales discussions. Le gouvernement vient de faire des lois sur ces deux objets ; mais des décrets ne remédient point aux difficultés qui viennent de lanature des choses, et les embarras renaîtront avec une nouvelle vigueur. Pour se faire des idées nettes sur ces questions, quelques explications deviennent nécessaires.

Nous avons vu au commencement de cet écrit, quelles circonstances en favorisant l'activité du commerce et des manufactures de l'Angleterre, y avaient fait monter le prix du blé. Les contributions du cultivateur, le loyer que le fermier paye au propriétaire, ont monté dans la même proportion : et maintenant ceux qui se mêlent d'agriculture prétendent que pour que le prix du blé puisse rembourser au cultivateur ses avances, il faut que ce prix se maintienne entre 95 et 100 shillings le *quarter*, et que par conséquent, il convient d'en empêcher l'importation du moment qu'il tombe au-dessous de ce prix.

Ils ajoutent, que si la législature ne consacre pas ce principe, il sera impossible aux fermiers de payer aux propriétaires leur fermage, à l'État, ses contributions, que la culture du grain donnant de la perte, on abandonnera l'exploitation des terres médiocres, qu'on changera la destination des bonnes ; que le grain deviendra plus rare ; qu'on n'évitera pas son renchérissement, et que la nation anglaise se verra toujours davantage pour sa subsistance à la merci des étrangers.

D'un autre côté, les manufacturiers et les négocians soutiennent, que si les denrées de première nécessité restent à ces prix exorbitans, la main-d'œuvre doit hausser plutôt que diminuer, et que chaque jour ils présenteront leurs produits avec plus de désavantage, dans les marchés de l'étrange.

L'alternative est terrible. Où c'est l'agriculture et les propriétaires qui sont ruinés, si les grains ne montent pas ; ou bien c'est le commerce et les manufactures, s'ils montent.

Les Chambres du Parlement, en fixant le prix au-dessous duquel on ne pourra pas importer du froment à 80 shillings, viennent de prendre un *mezzo-termine*, qui ne satisfera personne.

Mais je suppose que sans mécontenter les cultivateurs, le Parlement eût trouvé un moyen de faire tomber le froment à 65 shillings, on ne serait pas encore sorti d'embarras. Le blé ne forme dans les Îles Britanniques, qu'une part de la nourriture de la classe ouvrière ; les pommes de terres, la viande, le poisson, forment une autre part considérable de leurs alimens. On estime quechaque personne, l'une portant l'autre, ne consomme pas au-delà d'un *quarter*de blé par année[21]. Or, le *quarter* moins cher de 15 shillings ou 18 francs, ne procure à l'ouvrier qu'une économie d'un sou de France, par journée.

L'influence en serait faible sur la main-d'œuvre[22], qui ne forme elle-même, qu'une partie des frais de production. Quinze shillings de plus ou de moins sur le prix du blé, influeraient donc faiblement sur le prix des produits et sur les ventes à l'étranger.

Ce n'est pas le prix d'une seule denrée, fût-ce même le blé, qui a un grand effet sur le prix des choses qu'on fait ; c'est le prix de tout, et le prix de tout est exagéré en raison des charges publiques qui, sous mille formes diverses, atteignent le producteur et se combinent dans toutes ses dépenses[23]. Ce sont les contributions directes ; ce sont même les préjugés et les mœurs du pays qui vous imposent des obligations et des charges auxquelles il n'est pas plus facile de se soustraire qu'aux véritables impôts.

La question des billets de banque, plus épineuse théoriquement, a moins d'inconvéniens dans la pratique. Pour la bien entendre, il faut connaître le fonds du système monétaire actuel de l'Angleterre, qui est assez curieux.

La banque d'Angleterre, est une compagnie particulière de capitalistes, qui escompte des lettres de change et se charge, moyennant une rétribution, de plusieurs services publics, comme du paiement des rentes sur l'État. Elle a successivement prêté au Gouvernement, non-seulement une somme égale aux fonds de ses Actionnaires, mais des sommes en billets de banque qu'elle a fabriqués pour cet usage, et qui, par conséquent, n'avaient d'autres gages que les obligations qu'elle recevait du Gouvernement en échange, obligations qui portent intérêt, niais dont le fonds n'est pas exigible, et qui, par conséquent, ne peuvent servir à l'acquittement des billets, dont elles ont provoqué l'émission[24].

La banque d'Angleterre a acheté à ce prix, la continuation de son privilège, moins sage en cela que celle de France. Celle-ci a bien prêté au Gouvernement ce que le Gouvernement, par un abus de la puissance, lui a demandé sur ses capitaux. Ses capitaux étaient la propriété de ses actionnaires, qui, pouvaient en disposer à leur gré ; mais elle n'a point fabriqué de billets pour les prêter. Aussi, qu'est-il arrivé, relativement à la banque d'Angleterre ? Que les billets prêtés par elle au Gouvernement, et donnés par le Gouvernement à ses créanciers, sont revenus plus ou moins promptement, et surtout dans les momens de discrédit, pour se faire rembourser ; et que la banque, n'ayant pas reçu de valeurs réelles[25], au moment de l'émission de ses billets, n'a pu les rembourser.

Il fallait, dès-lors, ou que le Gouvernement payât la banque pour qu'elle pût payer ses billets, ou qu'il l'autorisât à ne pas les payer. C'est ce dernier parti qui fut pris en 1797. La suspension des paiemens (en espèces) de la banque autorisée alors, a été renouvelée plusieurs fois depuis, et vient de l'être encore tout récemment. Ses billets ont acquis par-là, le caractère d'une véritable monnaie nationale ; on n'a pas pu exiger des particuliers, ce qu'ils ne pouvaient exiger de la banque. Les dettes, les effets de commerce, n'ont plus été payés qu'en billets, et quand on achète une lettre de change payable en Angleterre, on sait d'avance que les billets de banque sont la seule monnaie dont elle sera acquittée.

Il en est résulté ce qui résulte toujours d'une semblable mesure. La somme des monnaies, soit de papier, soit de métal, devenue par-là plus, forte, relativement à la somme des autres valeurs en circulation, et ne pouvant pas être réduite par un remboursement de billets qui n'avait plus lieu, a été dépréciée, a perdu de sa valeur comparativement à la valeur de toutes les autres choses, et par conséquent, comparativement à l'or en lingots[26]. Dès cet instant, l'or en monnaie, qui circulait concurremment avec les billets de la banque, participant à la dépréciation générale de la monnaie[27], a gagné à se meure en lingots, et les guinées ont disparu[28].

Les directeurs de la banque ont accru cette dépréciation, en ne refusant jamais d'escompter les lettres-de-change souscrites par les bonnes maisons de commerce, ce qui a porté les spéculations de quelques particuliers au-delà de leurs capitaux réels, aux dépens d'un capital fictif (les billets de banque) dont la valeur réelle et vénale décroissait en proportion de leur augmentation nominale[29].

Maintenant que l'or et l'argent ont disparu de la circulation par la cause expliquée plus haut, et qu'il n'est plus resté pour remplir l'office de monnaie, une seule pièce nationale, une seule pièce frappée par le gouvernement[30], la seule monnaie dont on puisse faire usage se compose des engagemens d'une compagnie particulière nommée la *banque d'Angleterre*, lesquels portent la promesse, qui n'est jamais effectuée, de payer des livres sterling métalliques au titre et au poids déterminés par les lois.

Il n'y a point de billets de la banque d'une somme inférieure à *une livre sterling* ; et cependant comme on a besoin d'une petite monnaie pour les menues transactions, et que si le gouvernement frappait des pièces légales elles seraient fondues, la banque est autorisée à mettre en circulation des coupures de ses billets en pièces d'argent, qui ne sont que des médailles et qui ne contiennent guères que les trois quarts de la quantité du métal qu'auraient des pièces légales de même dénomination. On ne gagnerait à les fondre qu'autant que les billets de banque, avec quoi en pourrait les acheter, tomberaient au-dessous des trois quarts de leur valeur nominale, puisqu'alors avec une valeur moindre que les trois quarts d'une livre sterling métallique, on aurait un lingot qui vaudrait les trois quarts de la livre sterling.

Dans cet état de choses, l'hôtel des monnaies de Londres, le seul qu'il y ait en Angleterre, n'aurait absolument rien à faire s'il ne fabriquait, à façon, pour compte de la banque d'Angleterre, les coupures métalliques de ses billets dont il vient d'être question.

Il y a dans chaque comté et même dans chaque ville, des banques provinciales qui mettent en circulation des billets et des coupures métalliques de leurs billets ; mais n'ayant point, comme la banque d'Angleterre, le privilége d'en refuser le paiement lorsqu'on le leur demande, elles les acquittent à présentation en billets de la banque d'Angleterre, qu'on ne peut refuser, comme tenant lieu de monnaie nationale.

La somme totale des billets de la banque d'Angleterre s'élève à environ 31 millions sterling. On estime que la somme des billets de toutes les banques provinciales, est à-peu-près égale à celle-là. La somme totale de la monnaie des Îles Britanniques est donc environ de 62 millions sterling, qui, au change du jour, de 20 francs pour une livre sterling, fait une valeur d'environ un milliard deux cents millions en argent de France.

Sauf les coupures métalliques, sur le montant desquelles je manque de données, mais qui ne forment qu'une bien petite partie de ce total, cette valeur n'a rien d'intrinsèque, c'est-à-dire n'a aucune valeur comme matière ; mais sa valeur, comme monnaie, est très-réelle et ne pourrait être remplacée que par une valeur réelle équivalente.

La valeur de ce *papier-monnaie*, comparée avec la valeur des autres marchandises, ne subit plus de grandes variations, ce qui prouve que la banque d'Angleterre maintient la somme de ses billets dans la même proportion, relativement aux besoins de la circulation. Si elle réduisait la somme de ses billets, ce qu'elle pourrait faire aisément en laissant échoir une partie des effets de son portefeuille et en n'en prenant pas de nouveaux à l'escompte, elle ferait probablement remonter ses billets au pair ; c'est-à-dire qu'avec un billet d'une livre sterling on trouverait à acheter une livre sterling en or ou en argent, au poids et au titre des lois.

Je dis que ses billets remonteraient au pair par le besoin indispensable que dans un état social compliqué, et avec une grande masse d'affaires, on a de cette marchandise appelée *monnaie*, quelles qu'en soient la forme et la matière.

La question du discrédit n'entre pour rien dans tout cela, parce que le besoin qu'on a de monnaie l'emporte de beaucoup sur la mauvaise opinion qu'on pourrait concevoir des billets de la banque. En effet, dans un pays où il n'y a point de monnaie métallique, que peut faire l'homme le plus méfiant dans ses transactions sociales ? chercher à garder dans ses mains le moins long-temps qu'il peut la monnaie en laquelle il n'a point de confiance. C'est aussi ce que chacun fait. On le fait même pour la monnaie métallique lorsqu'on ne veut pas perdre l'intérêt d'une somme dormante ; mais on a beau se débarrasser le plutôt qu'on peut des billets qui passent entre vos mains, on a beau suppléer par des viremens journaliers de parties[31] il n'en est pas moins constant que dans l'état présent des choses, on ne peut en Angleterre se passer de 62 millions sterling environ de papier-monnaie, au taux de sa valeur actuelle ; que si sa valeur nominale diminuait d'un quart (c'est-à-dire si au lieu de 62 millions en circulation on n'en laissait que 46 ou 47), la valeur vénale de ces 47 millions augmenterait et achèterait autant de denrées que l'on peut en acheter aujourd'hui pour 62 millions.

C'est donc la quotité des billets et non le discrédit qui influe sur leur valeur ; le discrédit, quel qu'il soit, n'a pas la moindre influence sur cette valeur : résultat, fondé sur les faits, fort différent, ce me semble, de l'opinion commune, et qui doit influer sur l'idée qu'on se forme du papier-monnaie d'Angleterre, sur les moyens qu'on propose pour l'acquitter, et sur les craintes qui peuvent résulter de son défaut de remboursement

Que si l'on me demandait à quelle époque je crois que la banque d'Angleterre paiera ses billets à bureau ouvert, je répondrais que je n'en sais rien ; mais que ma réponse, en supposant que je fusse en état de la faire, n'aurait aucune importance. En effet, lorsqu'on traite une monnaie précisément de la même manière que si on ne lui accordait aucune confiance, qu'importe sa matière ? c'est comme si l'on demandait quand fera-t-on succéder une monnaie d'or à une monnaie d'argent ?

Ces phénomènes monétaires, entièrement neufs, jettent beaucoup de jour sur la théorie générale des monnaies, et produiront par la suite des faits assez extraordinaires[32].

Il est un autre point qui n'est pas lié aussi intimement avec les circonstances, mais sur lequel il me semble que l'opinion a aussi bien besoin d'être éclairée. C'est sur la puissance qu'on croit que l'Angleterre tire de ses colonies, et notamment de l'Inde, de ce pays où une compagnie de marchands anglais possède une étendue de pays plus vaste que les trois royaumes, et règne sur quarante millions de sujets.

Les Anglais ne peuvent tirer des richesses de l'Inde que comme souverains ou comme négocians ; ils n'en peuvent rapporter que des tributs ou des profits.

Examinons les tributs qu'ils en tirent comme souverains.

On voit dans Colquhoun[33] que les différens gouvernemens de l'Inde fournissent un revenu brut de 18,051,478 livres sterling.

Les frais d'administration et de défense du même pays, suivant le même auteur, coûtent…	16,984,271	liv. st.
Mais il convient d'y ajouter les frais d'entretien et de réparation des établissement de la compagnie dans l'Inde et en Europe, et ceux de la factorerie de Canton en Chine…	355,067	
Et de plus les intérêts de sa dette, qui n'est pas moindre de 46 millions st., et qui prend son origine dans les dépenses et dans les pertes		
De cette part…	17,339.338	liv. st.
De l'autre part…	17,339,338	

qu'elle a dû supporter pour établir sa souveraineté[34]...	1,691,363	
Total des dépenses de la compagnie...	19,030,701	liv. st.

On voit par là que ses dépenses excèdent ses revenus d'une somme de 979,223 liv. st. (plus de 23 millions de francs). C'est donc une souveraineté plus onéreuse qu'utile.

Comme compagnie de commerce, sachons quels bénéfices elle fait. Une année moyenne prise sur les quatre années 1807 à 1810, a donné un bénéfice commercial de...	1,728,958	liv. st.
Sur quoi il a fallu prélever l'excédent de ses dépenses sur ses revenus comme souveraine... 979,223 } Et les annuités qu'elle touche à la banque d'Angleterre, qui ne sont pas le fruit d'un profit commercial... 36,226	1,015,449	
Il reste de profit net...	713,509	liv. st.

Ces profits pour une compagnie qui a six millions St. de capital et 46 millions de dettes, ne sont assurément pas bien considérables. Cependant ils paraissent exagérés ; ils sont pris sur l'indication de quatre années vraisemblablement meilleures que les autres ; plusieurs auteurs respectables affirment que les actionnaires de la Compagnie des Indes, ne gagnent pas comme négocians ce qu'ils perdent comme souverains ; et ce résultat semble confirmé par les emprunts auxquels la Compagnie a souvent été obligée d'avoir recours, pour que ses actionnaires ne fussent pas privés de dividende.

N'importe, les partisans de la Compagnie des Indes affirment que, même en perdant, elle est utile à l'Angleterre.

Ils disent qu'une fort grande partie de ses dépenses dans l'Inde, tournent au profit des employés civils et militaires qu'elle y salarie. J'en conviens ; mais ces salaires sont pour la plupart, gagnés dans l'Inde ; ils y sont consommés et n'ajoutent rien à la puissance de la nation anglaise en Europe[35].

Ils disent que les marchandises anglaises, auxquelles ce commerce procure un débouché, répandent des bénéfices en Angleterre. J'en conviens également ; mais les capitaux et l'industrie des Anglais, s'ils ne s'appliquaient pas aux approvisionnements de l'Inde, s'appliqueraient à d'autres objets. Et qui empêcherait les Anglais de trafiquer avec l'Inde, et d'y vendre à-peu-près les mêmes articles, quand ils n'en seraient pas les dominateurs ? La souveraineté ne fait pas acheter à un peuple ce qu'il n'est pas en état de payer, ou ce qui ne convient pas à ses mœurs ; et quand on lui offre ce qui lui convient, il l'achète sans être assujéti.

Il ne faut pas, au surplus, évaluer trop haut, les marchandises anglaises qui s'écoulent dans l'Inde, on sait assez que les pays de l'Orient estiment plus l'argent que les marchandises de l'Europe. Je trouve que dans l'espace de six années, de 1803 à 1808, les exportations de l'Angleterre aux Indes, se sont élevées à une valeur totale de 16,306,825 livres sterling, sur laquelle 6,286,344 livres sterling, ont été exportées en numéraire ; ce qui laisse pour les exportations en marchandises 10,020,481 livres sterling, et donne pour une année commune 1,670,080 livres sterling d'exportation en marchandises.

Le privilège de la Compagnie des Indes, qui comprend la faculté d'exercer, sous certaines conditions, la souveraineté sur les pays de l'Inde qui ont été conquis à ses frais, ou acquis par les traités qu'elle a conclus, et la faculté exclusive à de certains égards, de faire le commerce de l'Orient, ce privilège, dis-je, a été renouvellé plusieurs fois ; et comme à mesure que les nations s'instruisent, elles s'aperçoivent mieux des avantages de la libéralité des principes, à chaque renouvellement du privilège, le sort des sujets dans l'Inde, a été amélioré, et une liberté plus grande a été accordée au commerce[36].

À differens degrés, il en est des autres colonies anglaises comme de l'Inde, avec cette difference, que le Gouvernement qui y exerce la souveraineté, mais qui ne fait pas le commerce, n'est point dédommagé par les profits du négoce, des pertes que ces colonies lui occasionnent comme souverain[37]. Le vieux système colonial tombera partout dans le cours du 19e siècle. On renoncera à la folle prétention d'administrer des pays situés à deux, trois, six mille lieues de distance ; et lorsqu'ils seront indépendans, on fera avec eux, un commerce lucratif, et l'on épargnera les frais de tous ces établissemens militaires et maritimes qui ressemblent à ces étançons dispendieux, au moyen desquels on soutient mal-à-propos un édifice qui s'écroule.

Telle est, du moins sous ses principaux points de vue, la situation où les évènemens de notre époque ont amené la Grande-Bretagne. Je crois n'avoir ni exagéré, ni déguisé les difficultés de sa position, car je me sens exempt de toute prévention. Je forme des vœux pour la prospérité de l'Angleterre, comme pour celle de la France et de tout autre pays. L'une de ces prospérités, loin d'être incompatible avec une autre, ainsi que le commun des hommes l'imagine, lui est au contraire favorable. J'ai voulu consigner des faits curieux et de grandes expériences en économie politique, parce que ces expériences sont rares, et qu'elles coûtent cher. Elles feront peut-être naître dans de bons esprits d'utiles réflexions. Pour le vulgaire, les évènemens se succèdent : ils s'enchaînent pour l'homme qui pense. Quelquefois même, il lui est permis d'entrevoir quelques-uns des chaînons qui lient le présent au futur ; il connaît alors de l'avenir, tout ce qu'il est permis d'en savoir, depuis que les pythonisses et l'astrologie judiciaire sont passés de mode.

FIN.

Notes

1.   The picture of Glascow for 1812, pag. 53.

2.   Colquhoun : On the Wealth of the British Empire. pag. 42.

3.

Les gros droits que payent presque toutes les marchandises à leur entrée en Angleterre, et qui forment une part importante des revenus de son fisc, auraient souvent empêché tout commerce, s'il avait fallu que le négociant fît l'avance de ce droit à l'entrée de son navire dans le port. C'est une grande difficulté que d'être obligé de trouver sur-le-champ, outre les avances que le commerce exige, et avant d'avoir rien vendu, cent mille francs plus ou moins pour payer les droits d'une cargaison qui arrive. Mais quand le Gouvernement admet la marchandise dans un port ou dans un magasin francs, les acheteurs s'y présentent, et à mesure qu'une partie de marchandise est vendue et qu'elle sort de l'enceinte franche, on en paye les droits avec plus de facilité.

D'un autre côté, l'esprit dé la législation anglaise, n'imposant que peu ou point de droits sur les marchandises qui arrivent du dehors pour être réexportées, afin que ces marchandises puissent dans l'étranger, soutenir la concurrence des autres nations, les négocions, s'il n'y avait pas de magasins francs, seraient dans la nécessité de payer, sur ces marchandises le droit d'importation, sauf à se le faire rembourser lorsqu'elles ressortent ; ce qui entraînerait une multitude d'inconvéniens. Dans les magasins francs, elles sont déchargées, vendues, rechargées, et expédiées, sans avoir rien à démêler avec les douanes.

C'est dans ce but qu'à Londres, par exemple, on a creusé de main d'hommes trois ports artificiels entourés de magasins et de murs, l'un pour les vaisseaux des Indes, l'autre pour ceux des Antilles, l'autre pour des commerces divers, dont chacun vaut un port de mer considérable, et où moyennant une modique rétribution, les navires peuvent entrer et ressortir pourvu, que ce soit pour aller à l'étranger, sans payer de droits de douanes. La douane n'exerce ses droits que sur ce qui sort de leur enceinte, pour être versé dans la consommation intérieure.

4.

On se tromperait si l'on s'imaginait que toute la dépréciation du change sur Londres, avait pour causé le discrédit des billets de banque, seule monnaie avec quoi une lettre de change sur l'Angleterre peut être acquittée. On a payé dernièrement 23 francs environ une livre sterling qu'on a obtenue pour 16 francs, et cependant on sait fort bien en 1815 que la banque d'Angleterre n'a pas plus de moyen d'acquitter ses billets en espèces, qu'elle n'en avait en 1813.

Pendant la guerre, avec 93 guinées en or sur le continent, on achetait 100 guinéesen or payables à Londres*. Le discrédit n'était pour rien là dedans. C'était l'abonnement qui dépréciait la monnaie anglaise, la monnaie payable dans Londres, et non le défaut de confiance dans les billets.

5.   La population de Manchester était :

en 1801 de 81,000 , en 1811 de 98,000

Celle de Birmingham   de 73,000   de 85,000

Celle de Leeds   de 53,000   de 62,000

Celle de Sheffield de 51,000   de 55,000

Celle de Nottingham   de 28,000   de 34,000

Celle de Derby   de 10,000   de 13,000

etc. Voyez Colquhoun : On the Wealth of the British Empire, pag. 42.

6.   Le quarter est une mesure de capacité égale à 285 litres 53 cent. On sait que le septier de Paris égale 152 litres 34 cent. Il faut à très-peu de chose septier de Paris pour faire un quarter dont le poids est d'environ 445 livres poids de marc.

7.

Je ne sais pas jusqu'à quel point la justice politique commande de donner l'argent d'une nation à un citoyen qui n'a jamais rien fait pour elle, et qui ne se rend particulièrement recommandable par aucun talent ni aucune vertu, uniquement parce que le sort l'a rendu frère d'un amiral qui a perdu la vie dans un combat de mer. Voici ce que la famille Nelson coûte à la nation anglaise chaque année à perpétuité.

Au comte Nelson, frère de l'amiral, outre une pairie ; une pension de 5000 liv. st.   120,000   fr.

Pour l'achat d'un bien d'une somme une fois payée de 100,000 liv. st. (2 millions 400 mille francs) dont l'intérêt annuel coûte à l'État   120,000

À la vicomtesse Nelson sa veuve 2,000 liv. st.   48,000

À mesdames Suzanna Bolton, et Catherine Matcham ses sœurs   48,000

_____

Total en argent de France   336,000   fr.

Dernièrement (20 février 1815) le Parlement s'est en vain récrié sur un article de 4000 liv. st. ans les dépenses (96 mille francs) donnés au duc d'York pour l'indemniser d'avoir le roi de Prusse. Ce dîner en effet coûte un peu cher à la nation anglaise.

Le trésor public paye encore au duc de Marlborough qui n'est point descendu du grand Marlborough, mais qui a pris son nom, parce qu'il a épousé une descendante, 120 mille francs de France annuellement outre la magnifique terre de Blenheim dont il a hérité.

Voyez Colquhoun : On the Wealth of the British Empire, pag. 244.

8.   Voici d'après M. Joseph Hamilton (an Inquiry concerning the national debt) le montant de la dette anglaise au commencement et à la fin de chaque guerre. On voit dans ce tableau ce qu'il y a eu de racheté durant les intervalles de paix, et le déficit occasionné par chaque guerre. Elle était en 1689 époque où Guillaume et Marie montèrent sur le trône de 1,054,925 liv. st,

en 1697 21,515,742

en 1701 16,394,701

en 1714 53,681,076

en 1740 46,449,568

en 1748 78,293,313

en 1766 72,289,675

en 1765 133,959,270

en 1775 122,963,254

en 1783 238,231,248

en 1793 227,989,148

en 1802 499,753,063

en 1813 599,590,197

en 1815 suivant le calcul

de la note suivante777,460,000

9.   Le chancelier de l'Échiquier, M. Vansittart, dans son discours au Parlement le 20 février dernier, ne la porte qu'à 650 millions sterling, mais il n'entend probablement par là que les capitaux réellement prêtés.

10.   Colquhoun : On the Wealth of the British Empire, pag. 261.

11.   Colquhoun, ut suprà.

12.   Rien n'est plus difficile à évaluer que les revenus généraux d'une nation. Si sa population n'est jamais exactement connue, le revenu de chaque personne qu'on peut déguiser plus aisément et qu'on a tant d'intérêt à cacher pour se soustraire au fardeau des charges publiques, est encore plus difficile à connaître. La taxe sur les revenus en Angleterre peut cependant fournir quelques bases. À la vérité la loi accorde un dégrèvement à ceux qui gagnent au-dessous de 150 liv. st. par année, et une exemption complète à ceux qui gagnent moins de 50 liv. st. On peut supposer en outre qu'un grand nombre de gens ont déclaré leur revenu moindre qu'il n'était ; mais aussi il y en a beaucoup qui ont pu difficilement s'écarter de là vérité, tels que les propriétaires fonciers, les rentiers et les fonction-

naires de tous les ordres ; et il y en a beaucoup aussi qui soit par pudeur, soit par vanité, soit dans la vue de soutenir un crédit chancelant, ont déclaré un revenu égal ou supérieur à la vérité.

Or dans une année moyenne sur les trois années qui Ont fini le 5 janvier 1813, la taxe sur les revenus a produit 13 millions 281 mille livres st. et comme cette taxe est du dixième du revenu présumé, elle indiquerait pour le total des revenus de la Grande-Bretagne une somme de 132 millions 810 mille liv. st. Colquhoun les évalue beaucoup plus haut. Mais ses bases sont tout-à-fait vagues et exagérées. Admettons néanmoins qu'ils s'élèvent à 224 millions st. (plus de cinq milliards de France). Cela ne fait encore que le double du montant des consommations du gouvernement qui s'élèvent à 112 millions st. ainsi que nous venons de le voir. Les rentiers doivent être considérés comme des consommateurs agens du gouvernement ; d'ailleurs, si on disfrayait leurs consommations de la somme des consommations du gouvernement, il faudrait distraire leurs revenus de la somme des revenus des particuliers, ce qui reviendrait au-même. Il demeure donc démontré que le peuple anglais ne jouit que de la moitié de ses produits ; que chaque famille est obligée de produire une valeur double de ce qu'il lui est permis de consacrer à ses besoins. Jamais une nation, et surtout une nation éclairée, n'a été exploitée avec autant d'impudence.

13.　　　Voyez l'ouvrage intitulé : Notes on a journey through France hy Morris Birkbeck. L'auteur parait avoir imprimé bonnement les notes où il consignait ses premières impressions. Elles sont toujours sévères, souvent curieuses.

14.　　　On sent que, lorsqu'il est question d'une grande nation comme l'Angleterre, il faut toujours supposer beaucoup d'exceptions. On fait toujours de très-bonnes études, quoique un peu gothiques, à Oxford. Il y a quelque chose de plus libéral dans celles de Glascow. Les professeurs actuels d'Édimbourg soutiennent l'éclat de cette fameuse université. La philosophie, l'amour du pays, s'y mêlent avec le goût des lettres, et y donnent à la littérature, qui sans cela n'est qu'une faconde puérile, de l'importance et de la solidité. L'Edinburgh Review est peut-être le meilleur journal littéraire du monde ; il est lu de Philadelphie à Calcutta.

15.　　　On voit dans mon Traité d'Économie politique (2e. édition, liv. II, chap. 4), comment et par quelles raisons le même effet peut avoir lieu sur toutes les denrées à la fois, et n'est pas seulement nominal.

16.　　　Ceux qui exercent les arts industriels, savent combien on peut altérer les qualités, en économisant sur les frais.

17.　　　On m'a assuré en Angleterre, que l'importation du vin de Porto n'excède guère le tiers de la quantité de ce vin qu'on y consomme. De sorte que la plupart de ceux qui en boivent, sont obligés de se contenter d'une drogue rouge, fort chère, qui ne contient pas un atôme de vin. On ne peut boire avec sécurité du vin que dans les bonnes maisons.

18.   Cette opinion n'est point inspirée par un préjugé national contraire ; elle est partagée en Angleterre par tout ce qu'il y a de gens instruits et véritablement amis de leur pays. J'en ai vu et entendu un très-grand nombre ; mais ne pouvant citer des conversations, je traduirai ce que dit à ce sujet M. Joseph Hamilton, à qui l'on doit de savantes recherches sur la dette publique, et lés plus saines vues pour la prospérité de l'Angleterre. « Si les nations, dit-il, pouvaient tirer quelque profit de l'expérience, si elles jugeaient de nos guerres actuelles avec le même sang-froid que nous jugeons des guerres passées, on serait généralement bien plus pacifique. On ne peut se dissimuler que nous nous sommes fréquemment engagés dans la guerre pour des motifs peu importans, ou pour gagner des points inatteignables ; qu'en général, les plus grands succès n'ont point produit les fruits que nous nous en promettions ; que, sous prétexte de prévenir des dangers futurs et imaginaires, nous avons encouru dès maux présens et réels ; que la colère et l'orgueil national, plutôt que des vues justes et sagement calculées, ont dirigé notre conte duite politique ; que nous nous sommes engagés dans la guerre étourdiment, que nous l'avons soutenue avec obstination, et que nous avons souvent refusé des conditions de paix favorables, pour en accepter ensuite de moins avantageuses ». An inquiry into the national debt of Great-Britain ; pag. 37.

19.   Je fais ici allusion à ce qu'on appelle le nouveau système d'éducation, d'abord introduit par M. Lancaster, et depuis perfectionné par d'autres. J'en ai vu des effets admirables dans toutes les principales villes d'Angleterre ; et ici, comme dans une infinité d'autres cas, les efforts des particuliers anglais, rachètent et couvrent les fautes de l'administration. Les désastres viennent d'en-haut, comme la grêle et les tempêtes ; les biens viennent d'en-bas, comme les fruits d'un sol fécond que rien ne lasse. La philantropie des Anglais va au reste être imitée en ce point par la philantropie française, qui s'occupe en ce moment de l'établissement d'écoles économiques pour les pauvres, sur le plan de celles des Anglais.

Ce nouveau système d'instruction est fondé sur le parti qu'on peut tirer de l'émulation dirigée vers un bon but, et du petit excédent d'instruction qu'un élève a par-dessus un autre, en faveur de ce dernier. Chaque classe d'une école est divisée par escouades de 8 élèves rangés par ordre de savoir, tellement que le plus avancé corrige ce que les autres font de mal. Il est obligé de céder sa place du moment qu'un autre en sait plus que lui, et il passe dans une classe supérieure du moment qu'il peut y figurer, d'abord comme élève, ensuite comme chef, d'escouade.

Les mêmes moyens ne sont pas exclusivement applicables aux basses écoles. M. Millans, à Édimbourg, les a appliqués à des écoles relevées ; et dans le collège appeléHigh School, cinq professeurs suffisent pour faire surmonter à sept cents élèves, les difficultés du latin et du grec.

On pourrait vraisemblablement employer dans l'ordre politique, les mêmes leviers avec des succès merteilleux ; c'est ce que nos neveux verront peut-être.

20.   Ce mot produire s'entend ici comme dans toutes les questions

d'économie politique, de toute espèce d'action qui concourt, m£me partiellement, à la complète confection d'un produit. Quand il s'agit d'une mousseline des Indes, par exemple, le cultivateur qui a recueilli le coton, le fabricant qui l'a filé et tissé, le négociant qui a fait venir la mousseline, et même le marchand qui la détaille, en sont les producteurs. L'industrie du négociant, quoique étant en Angleterre plus favorisée, moins chargée que les autres, l'est néanmoins beaucoup encore. Plusieurs nations de l'Europe peuvent transporter des marchandises, soit par mer, soit par terre, à meilleur marché que les Anglais.

21.   WILLIAM JACOB : Considerations on British agriculture, page 18.

22.   On dira peut-être que chaque ouvrier ayant sa famille à nourrir, il faut multiplier la dépense de sa consommation de blé par le nombre des individus dont elle se compose ; mais comme en général la femme et les enfans travaillent en même temps que le père, en supposant une économie d'un sou par tête d'ouvriers, on a égard à la dépense en nourriture de la femme et des enfant.

23.   On est tenté de croire, sur un premier aperçu, que lorsque tout est cher, rien n'est cher, et qu'on se dédommage par le haut prix de ce qu'on vend du haut prix de ce qu'on achète. Il n'en est pas ainsi. On achète avec le revenu qu'on a ; ce revenu est le fruit, soit des terres que vous louez, soit des capitaux que vous avez placés, soit du profit de l'industrie que vous exercez. Or les produits, résultats de toutes ces sources de production, n'augmentent pas en proportion du haut prix des produits qui en résultent. Quand les produits se vendent une fois plus cher, le fermage de la terre qui y concourt, ne double pas. Une manufacture dont les marchandises doublent de prix, ne donne pas 10 pour cent d'intérêt, au lieu de 5 pour cent, à ceux qui y ont des fonds placés, ni un salaire double aux ouvriers qui y travaillent. Elle ne pourrait pas soutenir son entreprise, et l'entrepreneur lui-même gagne moins, quand ses produits sont plus chers. Chacun de ceux qui prennent part à une entreprise, sont donc obligés, avec des revenus qui augmentent peu, d'acheter des produits qui augmentent beaucoup. En Angleterre, tous les produits, tous les objets de consommation, peuvent en général être estimés valoir le double de ce qu'ils valent en France, le fort portant le faible. Il y en a qui se vendent le triple ; mais par contre, il y en a quelques-uns qui ne valent pas le double.

24.   Voyez RICARDO. On the high price of Bullion, page 64.

25.   De bonnes lettres de change qui représentent une portion des capitaux de ceux qui les ont souscrites, sont des valeurs réelles. Avec de telles lettres de change, payables à des termes rapprochés, une banque bien conduite, retire, quand elle veut, la totalité de ses billets, puisque de telles lettres de change sont payées, soit en billets de la banque, soit en espèces, avec quoi on peut retirer les billets.

26.   Quiconque veut se mettre en état de comprendre et d'expliquer les phénomènes qui peuvent se présenter relativement aux monnaies, doit considérer la

monnaie de métal ou de papier, comme une marchandise totalement différente de l'or et de l'argent en lingots. L'une de ces marchandises est susceptible de se transformer en l'autre ; mais tant que la monnaie est en état de remplir les fonctions de monnaie, c'est une autre marchandise que le lingot. Voilà pourquoi leur valeur réciproque est susceptible de varier beaucoup.

27.   Le mot dépréciation ne veut pas dire discrédit, mais seulement baissement de prix. Le papier-monnaie, de même que le sucre, de même que les étoffes, baisse ou hausse de prix, suivant la quantité qu'on en offre et la quantité que réclament les besoins qu'on en a, et indépendamment de l'opinion qu'on peut se former de la probabilité ou de l'improbabilité de son remboursement définitif en espèces. Les monnaies métalliques elles-mêmes varient dans leur valeur comparée à la valeur des autres choses ; mais leurs variations ne sont pas aussi subites, parce qu'on n'en peut pas verser à la fois d'aussi grandes masses dans la circulation. Voyez plus haut la note 1 de la page 6, qui prouve que la monnaie métallique elle-même était dépréciée en Angleterre, quoiqu'on ne pût pas certainement cesser d'avoir confiance dans de la monnaie d'or.

28.   Cette quantité de guinées sortant de la circulation comme monnaie, et versées dans la circulation comme lingots, soit avant, soit après leur fusion, ont fait baisser en Angleterre la valeur du lingot d'or par rapport à toutes les autres marchandises, excepté par rapport à la monnaie de papier (les billets de banque) qui avait baissé encore davantage. De là les fortunes qui ont été faites pendant un temps (en 1810 et 1811) à extraire des guinées de l'Angleterre et à remettre en retour des lettres de change sur Londres. Les contrebandiers passaient les guinées au risque de leur vie ; et on leur payait ce risque ; mais ce n'étaient pas eux qui faisaient les spéculations.

29.   Voyez à cet égard les principes des directeurs de la banque, dans l'interrogatoire qu'ils subirent le 13 mars 1810, devant le comité de la chambre des communes, et les vrais principes fondés sur la nature des choses, établis dans l'excellente brochure de M. David Ricardo sur le haut prix des-matières d'or et d'argent.

30.   Il y a dans la circulation de vieux shillings d'argent qui ont été frappés jadis par le Gouvernement sous le règne de Guillaume III, mais qui sont tellement usés, qu'ils ne conservent plus aucune trace d'empreinte et ne contiennent pas les trois quarts delà quantité de métal qu'ils devraient avoir, de sorte qu'en les achetant et les payant avec des billets de banque, pour les fondre, on n'aurait pas un lingot égal à celui qu'on peut acheter avec les mêmes billets. Il n'y a donc rien à gagner à les fondre. Il en est de même des sous de cuivre : ils ne sont pas fondus parce que quoique toute la monnaie soit dépréciée, ils valent encore plus en monnaie qu'ils ne vaudraient en lingots. Mais si la monnaie venait à être beaucoup plus dépréciée, alors il pourrait y avoir de l'avantage à fondre tout cela, et l'opération en serait bientôt faite.

Jean-Baptiste Say

31.　　　Nulle part on n'a poussé plus loin qu'en Angleterre l'économie qu'on peut faire dans l'emploi de la monnaie (soit qu'elle soit en papier ou en or) c'est-à-dire qu'il est impossible de faire la même quantité d'opérations, de ventes et d'achats, avec moins d'intermédiaire de la circulation. Le but de cette économie est d'employer le moins possible cette portion de capital qui ne travaillant pas ne donne point de profit. Les plus riches maisons n'ont presque point d'argent en caisse. Elles n'en avaient pas davantage quand la monnaie était d'or qu'à présent qu'elle est de papier. La plus active défiance ne saurait en garder moins qu'elles n'en gardent. Les banquiers de Londres eux-mêmes qui font toutes les recettes et tous les payemens des maisons de commerce, et chez qui par conséquent il circule journellement une immense quantité de valeurs, n'emploient peut être pas la vingtième partie de ce qui ailleurs serait nécessaire pour tant de recettes et de payemens. Ils sont convenus de se rassembler tous chaque jour et de se communiquer les mandats dont ils sont porteurs les uns sur les autres. Ils balancent ces mandats par débit et crédit et n'ont à se payer que de légers soldes de compte.

32.　　　Voyez mon Traité d'Économie politique, liv. I, chap. 21, sur la Nature et l'Usage des Monnaies.

33.　　　On the Wealth etc. of the British Empire, Appendix, page 38.

34.　　　Ut suprà, page 55.

35.　　　L'armée indienne est de 140 mille hommes, commandée par 3000 officiers anglais. L'armée anglaise dans l'Inde, payée par la compagnie, est de 17 mille hommes, les officiers compris. La compagnie salarie en outre 25 mille matelots. Elle emploie dans l'Inde comme juges, administrateurs, gens d'église, commis, 1056 Anglais, et au-delà de 12 mille natifs.

36.　　　Le dernier renouvellement a eu lieu le premier avril 1814. En conséquence de cette charte, la compagnie ne retient le privilège exclusif que du commerce de la Chine et du commerce du thé de quelque lieu qu'il vienne ; elle fait le commerce des pays situés au delà du cap de Bonne-Espérance, concurremment avec tous les sujets de l'empire britannique. Les navires particuliers sont pourtant obligés de se pourvoir d'une licence de la compagnie et de se soumettre à quelques autres formalités. Eu cas de difficultés la commission du contrôle prononce. Les directeurs de la compagnie sont soumis à cette commission créée par le gouvernement pour tout ce qui a rapport à l'administration civile et militaire de l'Inde. La compagnie paye les forces déterre et de mer et nomme les fonctionnaires publics sous l'approbation de la commission du contrôle, qui surveille l'emploi des revenus publics, et même l'emploi des profits commerciaux.

37.　　　On peut citer comme un exemple de ce que font perdre les colonies, les frais de gouvernement de l'isle de Sainte-Hélène, qui, pour les agens civils et militaires et l'entretien des établissemens, coûte annuellement 84 mille livres sterling, et rapporte 12 cent livres sterling.

ISBN : 978-1518659126